OUSMANE SOW
PONT DES ARTS, PARIS
20 mars - 20 mai 1999

HISTOIRES DE GÉANTS	4

par Fabrice Bousteau, rédacteur en chef de Beaux Arts magazine

LES NOUBAS	6
LES MASAÏS	12
LES PEULS	16
LITTLE BIG HORN	22

Ces articles sont extraits des textes de Salah Hassan, professeur d'art contemporain africain, publiés en 1999 dans le catalogue *Ousmane Sow, le soleil en face*, Delpire/Idéodis création.

BIOGRAPHIE	32

Couverture : *Tête de Chief Gall* de la série *Little Big Horn*.
Ci-dessus et à gauche : Ousmane Sow dans la cour-atelier de sa maison de Dakar.

HISTOIRES DE GÉANTS

Ousmane Sow. Un nom que l'on pense avoir toujours eu au bout des lèvres. Un nom qui enveloppe. Ousmane Sow. Un colosse de près de deux mètres avec un sourire d'ange et un regard empli d'une gravité qui, immédiatement, attire. À 63 ans cet artiste, né à Dakar où il travaille, semble dirigé et inspiré par une quête sans limite de la compréhension de la nature humaine. Exagérément humaines dans leurs dimensions (des hommes d'une taille moyenne de 2,20 m) et dans leurs expressions, ses œuvres sculptent âmes et corps. Ainsi, ses lutteurs Noubas du Sud-Soudan aux corps puissants et troublants de nudité, aux visages lacérés de bandes colorées, aux yeux envoûtants ont une présence quasi obscène et frappent plus qu'ils ne le touchent le regardeur. On aurait envie de dire «le spectateur» tant ses sculptures sont cinématographiques par la force de leurs expressions et du mouvement qui les animent. En cinéaste, Ousmane Sow conçoit toujours ses œuvres dans le cadre d'un ensemble composant une scène, comme sa dernière série consacrée aux Indiens d'Amérique. Elle retrace avec 11 chevaux et 24 guerriers et Tuniques bleus, la célèbre bataille de Little Big Horn. Cadavres dépouillés, scènes de scalp

1

voisinent avec des compositions quasi hollywoodiennes comme celle représentant le chef cheyenne Two Moon enjambant quatre chevaux morts pour aller attaquer un soldat. Un résultat spectaculaire qui doit beaucoup au magnifique sens de l'anatomie de cet ancien kinésithérapeute et à l'alchimie des matériaux qu'il utilise. Sans modèle et sans esquisse préalable, Ousmane Sow exécute ses sculptures sur des fers de béton, enroulés de paille blanche synthétique puis de toile recouverte d'une étrange pâte de son invention, une mixture qui a macéré pendant des années. Il sculpte moins qu'il ne palpe, masse, rassemble la matière, presse, pétrit et frotte pour créer un souffle de vie. On l'imagine,

1. Série *Little Big Horn* : *Chief Gall*;
2. Série *Les Peuls* : *Scène familiale* (détail),
3. Ousmane Sow.

dans la salle de méditation qu'il a aménagée dans sa maison-atelier, penser l'âme du guerrier Massaï qu'il tente de créer et faire corps avec lui. On l'imagine même en artiste-sorcier, cherchant à réunir dans une même énergie cette part de bien et de mal qui fait l'homme au moment de la mort, au moment du meurtre ou de la victoire. C'est sans doute pour cela que les sculptures d'Ousmane Sow ne sont jamais des représentations mais plutôt des interrogations qui nous happent. Ce que l'artiste met en scène c'est notre humanité, ce combat entre le bien et le mal qui nous échappe au quotidien. En ce sens, l'œuvre d'Ousmane Sow est un divertissement car comme il le dit lui-même : «Dans le mot divertissement, il y a "divertir" donc s'éloigner de ce que vous avez l'habitude de voir, de sentir et, même quelques fois, d'imaginer. Si on arrive à provoquer cela, c'est extraordinaire.» Une expérience transcendantale ? **Fabrice Bousteau**

LES NOUBAS

Les Noubas, série créée en 1984, technique mixte.
1 : *Lutteur debout*; 2 et 4 : *Lutteurs aux bâtons*;
3 : *Les Lutteurs*; 5 et 6 : *Lutteur assis*;
7 et 11 : *Lutteur couché*; 9 : *Danseuse aux cheveux courts*;
10 : *Couple de lutteurs corps à corps*;
12 : *Scène de scarification*.
8 : Les Zoulous, série créée en 1990, *Femme à genoux et guerrier se désaltérant*, technique mixte.

Les Noubas, groupe ethnique africain dont les traditions restent vivaces, vivent dans les Monts Nouba au sud du Soudan central. Leurs pratiques religieuses se confondent avec des rites agricoles et impliquent des sacrifices d'animaux aux esprits des ancêtres pour conjurer la pluie et bénéficier de cultures abondantes. Le rôle du sport, les deux principaux étant la lutte et le combat au bâton, représente l'un des aspects essentiels de la culture nouba. Le combat de lutteurs envisagé comme un rituel qui élève l'esprit, est l'expression du mode de vie des Noubas en même temps qu'il le conforte. Les combats sont en général l'occasion de réjouissances pour toute la communauté et des villages entiers parcourent des kilomètres pour y assister. Parés de pierres de couleurs et de calebasses, le corps peint de cendres et recouvert de divers ornements, les lutteurs dansent dans l'arène en portant différents objets et martèlent le sol en imitant le mugissement du taureau.

Les femmes, qui jouissent d'une valeur presque égale à celle des hommes, sont les seules à pouvoir pratiquer le tatouage et la scarification. Cette coutume rituelle, outre son aspect esthétique, marque l'appartenance à un clan.

5

6

7

8

9

LES MASAÏS

1

2

Les Masaïs, série créée en 1988, technique mixte. 1 : *Guerrier aux aguets*; 2 et 3 : *Guerrier debout*; 4 : *Guerrier et buffle*; 5 : *Buveur de sang*; 6 : *Mère et enfant*.

Organisés en tribus, les Masaïs sont des bergers nomades d'Afrique orientale répartis essentiellement dans le sud du Kenya et le nord de la Tanzanie. Ils appartiennent aux rares groupes ethniques d'Afrique qui n'ont pas renoncé à leurs traditions. La possession du bétail, qui fournit la nourriture sous forme de viande, lait et sang, est au centre de l'économie masaï. L'intégration se fonde sur une organisation par tranches d'âges identiques, des jeunes guerriers aux plus anciens. Ils gravissent ensemble les échelons de la hiérarchie, par étapes qui peuvent durer quinze ans, acquérant ainsi de nouveaux droits et devoirs. Les jeunes hommes, d'environ quatorze à trente ans, portent leur chevelure en tresses décoratives. Ils vivent isolés dans la brousse où ils gardent les troupeaux de la communauté, développant force, courage et endurance, qualités essentielles à la survie du groupe ethnique. Cette période est également un temps d'intense compétition durant lequel groupes et individus se mesurent en faisant état de leurs prouesses guerrières au cours de rencontres sportives tribales. Cherchant à favoriser leur intégration, les gouvernements du Kenya et de Tanzanie encouragent actuellement les Masaïs à abandonner le nomadisme.

5

6

LES PEULS

Les bergers Peuls, nomades qui échangent sur les marchés locaux leurs produits laitiers contre les récoltes des paysans parmi lesquels ils vivent, ont une peau légèrement cuivrée, des lèvres et un nez plutôt fins. Ils tuent rarement leur bétail, le réservant plutôt pour les sacrifices rituels. Les Peuls sédentaires ou «citadins» vivent essentiellement du commerce (produits de la ferme et artisanat). Les tresses, la peinture et la décoration du visage se rencontrent surtout chez les bergers qui passent pour les authentiques représentants de la culture peule. Les hommes sont souvent polygames et les différentes femmes vivent dans des maisons séparées avec leurs enfants, jusqu'au mariage de ces derniers, généralement dans la même tribu.

La population des Peuls dépasse les sept millions et se concentre principalement au Nigéria, au Mali, en Guinée, au Cameroun, au Sénégal et au Niger. Politiquement dominants dans la majeure partie de la vallée du Sénégal et des régions environnantes pendant presque toute la période précédant leur défaite par les Français à la fin du XIXe siècle, les Peuls conservent aujourd'hui encore un ascendant politique sur les autres ethnies.

Les Peuls, série créée en 1993, technique mixte.
1 et 2 : Scène de *Sacrifice* et détail du *Vieillard*;
3 : *L'Adolescent et le bélier*; 4 et 5 : *Scène familiale*;
6 : *Jeu amoureux*; 7 à 10 : *Scène du tressage*.

7

8

9

10

LITTLE BIG HORN

Little Big Horn, série créée en 1998, technique mixte.
1 : *La Fin d'un parcours*; 2 : *Sitting Bull en prière*; 3 : *Little Big Horn, scène générale installée à Dakar*; 4, 5 et 6 : *La Charge de Two Moon*; 7 : *Chief Gall*; 8 : *Soldats dos-à-dos*; 9 : *Indien blessé*; 10 et 11 : *Moving Robe tuant l'agresseur de Crazy Horse* et détail de son visage; 12 : *Crazy Horse assailli*; 13 et 15 : *La mort de Custer, le Tueur de Custer, Custer*; 14 : *Dépouille d'un soldat*; 16 : *La Retraite d'un soldat*.

Le 25 juin 1876, la journée s'annonçait paisible pour les 15 000 Sioux et Cheyennes rassemblés le long de la rivière Little Big Horn, sans se douter que les généraux Reno, Beenten et Custer, à la tête de la Septième Cavalerie, se préparaient à les attaquer, décidé «d'en finir» avec les Indiens. Huit ans plus tôt était pourtant signé à Fort Laramie un traité censé protéger leur territoire du Wyoming. On s'empressa pourtant d'oublier cet accord, lorsqu'en 1874, le général Custer découvrit de l'or dans les Blacks Hills et que le ministère de la Guerre ordonna de déporter les tribus Sioux et Cheyennes dans des réserves.

Alertés par un nuage de poussière remontant le long de la rivière, les Sioux et les Cheyennes mirent très rapidement au point une stratégie. Tandis que Sitting Bull «chef suprême des Sioux» mettait les femmes et les enfants à l'abri, Two Moon, rassemblait ses hommes, faisant battre en retraite les troupes de Reno. Gall et Crazy Horse prenaient en étau celles de Custer et de Beenten. Seuls survécurent à ce carnage les hommes de Reno, réfugiés sur les crêtes alentour. Ce jour-là les Indiens remportèrent leur plus importante mais aussi leur dernière victoire. Quatorze ans plus tard, ils seront exterminés à Wounded Knee.

5

6

10

11

14

15

16

L'artiste dans la cour-atelier de sa maison.
Page de droite :
maison d'Ousmane Sow à Dakar

BIOGRAPHIE

Ousmane Sow naît à Dakar en 1935. À la mort de son père, et malgré un immense attachement à sa mère, il décide de partir pour Paris, sans un sou en poche. Il passe un diplôme d'infirmier et de kinésithérapeute, abandonnant son désir de suivre l'enseignement des Beaux-Arts. Bien que sculptant depuis l'enfance, c'est seulement à l'âge de cinquante ans qu'il se consacre totalement à cet art, mais la kinésithérapie n'est sans doute pas étrangère au magnifique sens de l'anatomie que l'on retrouve dans son œuvre. On ne connaît rien de sa création, jusqu'à sa première exposition, commandée par le Centre culturel français de Dakar en 1987. Six ans plus tard, il expose à la Dokumenta de Kassel en Allemagne et en 1995, deux de ses sculptures, le *Nouba assis* et le *Nouba debout* clôturent l'exposition du Palazzo Grassi, à l'occasion du centenaire de la Biennale de Venise.

En 1984, inspiré par les photos de Leni Riefensthal représentant les Noubas du Sud Soudan, il commence à travailler sur les lutteurs de cette ethnie et réalise sa première série de sculptures, *les Noubas*. En 1988 naîtront *les Masaïs*, en 1991 *les Zoulous* et enfin, en 1993 *les Peuls*. En 1991, il construit sa maison, sans architecte, comme une œuvre à part entière. Entièrement recouverte de sa matière, elle symbolise le Sphinx et préfigure la série qu'il projette de réaliser sur les Égyptiens. C'est dans la cour de cette maison que naît *La bataille de Little Big Horn*, qui avance parallèlement à la construction de la maison, comme deux œuvres indissociables. Cette série de 35 pièces a été exposée à Dakar en janvier 1999, en avant-première de l'exposition parisienne du Pont des Arts, où sont réunies toutes ses séries, soit 70 sculptures.

Ousmane Sow sculpte toujours sans modèle, inventant sa propre matière. Elle représente pour lui une œuvre dont la création le rend presque aussi heureux que la naissance de la sculpture elle-même. En une savante alchimie, il laisse macérer pendant des années un certain nombre de produits qu'il applique ensuite sur une ossature faite de fer, de paille et de jute, laissant à la nature et au matériau sa part de liberté, ouvrant la porte à l'imprévu. Une attitude fondamentalement artistique, mais africaine aussi.

Sa vie autant que son œuvre sont aujourd'hui profondément ancrées dans son pays, il n'imagine pas pouvoir sculpter ailleurs qu'au Sénégal. Et bien qu'il ait vécu une vingtaine d'années en France, plus rien ni personne ne pourront lui faire quitter sa terre africaine.

EXPOSITIONS

1984 Création *Les Noubas*
1988 Dakar, Centre culturel français.
1989 Dakar, Essencerie Total.
   Bordeaux, Hangar 5.
   Marseille,
   musée de la Vieille Charité.

1989 Création *Les Masaïs*
1990 Troyes, musée d'Art moderne.
   Angoulême, Musée municipal.
   Orléans, musée de la Collégiale.
   St-Pierre-le-Puellier.
   Calvi, Citadelle.
   Paris, Arche de la Fraternité.
   Bordeaux, hôtel de ville de Peyssac.

1990 Création *Les Zoulous*
1991 Montbéliard, Centre d'art contemporain.
   St-Amand-les-Eaux, Musée municipal.
   Tokyo, Kanda Ogawa Machi Chiyoda Ku.
   Montpellier, musée Fabre.

1992 Kassel, Dokumenta.
   Riom, musée F. Mandet.
   St-Denis, Carrefour des cultures
   de l'Océan indien.
   Marseille, Théatre du Merlan.

1993 Création *Les Peuls*.
1994 Amiens, Maison de la culture.
   Berlin, Alter Strassenbahnbetriefshof.
   Paris, CIES.
   Besançon, Galerie de l'Espace Planoise.
   La-Chaux-de-Fond, musée des Beaux-Arts.
1995 Biennale de Venise, Palazzo Grassi.
   Genève, Palais des Nations-Unies.
   Dakar, Assemblée Nationale.
   Paris, La Galerie.
1996 Toulouse, Pont Neuf.
   Roanne, Musée Dechelette.
1997 Venours, Rur'Art.
   Bruxelles, Médiatine.

1998 Création *Little Big Horn*
1999 Dakar, site du Mémorial de Gorée.
1999 Paris, Pont des Arts.

Les numéros hors-série Beaux Arts magazine
sont édités par Beaux Arts SA.
Président-Directeur général : Charles-Henri Flammarion.
Directeur de la publication : Jean-Christophe Delpierre.
Rédacteur en chef : Fabrice Bousteau.
Rédacteur en chef adjoint : Caroline Lesage.
Iconographie : Julie Le Borgne.
Maquettistes : Agathe Lesot et Fabrice Crélerot.
Secrétariat de rédaction : Isabelle Gilloots.
Création et fabrication : directeur : Alain Alliez,
assisté de Marie-France Wolfsperger.
Marketing : Isabelle Canals-Noël.
Tél. : 01 56 54 12 35. Fax : 01 45 38 30 61.

Beaux Arts magazine, tour Montparnasse,
33, avenue du Maine, 75755 Paris. Cedex 15.
Tél. : 01 56 54 12 34. Fax : 01 45 38 30 01.
RCS Paris B 404 332 942. ISSN : 0757-2271.
Dépôt légal : mars 1999. Impression : Mariogros, Turin.
© Toutes photos Béatrice Soulé. Sauf : p. 5 (2), p. 12 (1),
p. 16 (3), p. 18 (4), p. 19 (5), p. 20 (7), p. 21 (10) :
© M. Voyeux/Métis. p.22 (13) © Martine Franck/Magnum.

Ce hors-série a été réalisé à l'occasion de l'exposition
de 70 sculptures d'Ousmane Sow présentée
sur le Pont des Arts à Paris du 20 mars au 20 mai 1999.

Nous remercions pour l'aide qu'ils ont apportée
à la réalisation de cet ouvrage : Béatrice Soulé;
Danielle Guyot et Emmanuel Daydé de la Mairie de Paris
et Emmanuelle Rousset.

Ci-dessous : Ousmane Sow dans son atelier
Ci-contre : Cheval en cours de réalisation.
Dos de couverture : Ousmane Sow et
son *Grand Guerrier Masaï*.